Inhalt

Geothermie - Günstiger Ökostrom lockt nach Island

Kernthesen

Beitrag

Fallbeispiele

Zahlen und Fakten

Weiterführende Literatur

Impressum

Geothermie - Günstiger Ökostrom lockt nach Island

Autor GENIOS BranchenWissen: A.Schneider

Kernthesen

- Geothermie nutzt die im Inneren der Erde gespeicherte Wärmeenergie zur Erzeugung von Wärme und Strom.
- Nr. 1 auf der Welt in Sachen Geothermie ist Island. Dort ist Strom deutlich günstiger als bei uns.
- Die geothermische Branche in Deutschland wächst. Derzeit sind ungefähr 50 Erdwärme-Anlagen in Betrieb.

Beitrag

Deutscher Strom ist vielen Unternehmen zu teuer. Die Hüttenanlagen der Aluminiumindustrie beispielsweise tendieren zur Auswanderung nach Island, wo heißer Strom aus der Erde nur etwa ein Drittel kostet! (1)

Günstiger Ökostrom aus Islands heißer Erde

Woher kommt dieser günstige Strom? Ganz einfach: aus unserer Erde! Geothermische Energie, auch als Erdwärme bezeichnet, ist in vielen Regionen der Welt zur Gewinnung von Strom und Wärme wichtig. So wird beispielsweise San Francisco nahezu komplett mit Strom aus geothermischen Quellen versorgt. Absolute Nr. 1 auf der Welt in Sachen Geothermie ist Island! Dort setzt man in ganz besonderem Maße auf die reichlich vorhandene Erdwärme. Geheizt wird im kalten Norden kaum noch mit Öl und Gas, sondern zu 90 Prozent mit Erdwärme. Gehsteige werden damit angewärmt, Swimming Pools beheizt. Geothermische Energie fließt in Gewächshäuser und Fischfarmen. Und Ökostrom ist in Island wirklich billig! Seit Jahren werden die geothermischen Kraftwerkskapazitäten kräftig ausgebaut. Unternehmen müssen für isländischen Geothermiestrom nur etwa ein Drittel des deutschen Preises bezahlen. Dies ist sehr verführerisch für energieintensive Branchen. So etwa ließen die weltgrößten Aluminiumhersteller Alcoa und Norsk Hydro jüngst verlauten, dass sie ihre Hütten unter anderem nach Island verlagern werden. (1), (2)

Geothermische Energie ist keine neue Erfindung

Schon seit über 10 000 Jahren nutzt der Mensch die Erdwärme. Die amerikanischen Indianer erholten sich in heißen Quellen von ihren Kämpfen, die römischen und türkischen Bäder waren und sind als Oasen für Wellness und Hygiene beliebt. Das älteste geothermische Fernwärmenetz stammt aus dem 14. Jahrhundert und liegt im französischen Chaudes-Aigues. Das erste Kraftwerk, das geothermische Energie zur Stromerzeugung nutzte, ging in Lardarello in der Toskana im Jahr 1913 an den Start. Weitere Anlagen folgten in Neuseeland, in Mexiko, den USA und Island. (3)

Die Stromproduktion über Erdwärme steht in Deutschland noch ziemlich am Anfang. Um Strom gewinnen zu können, sind mindestens 100 °C erforderlich. Diese Temperatur ist in großen Teilen Deutschlands erst in 3000 Meter Tiefe zu finden. Man muss hierzulande also sehr tief bohren, um an die benötigten hohen Temperaturen zu gelangen, es könnten aber 29 Prozent der benötigten Wärme über die derzeit bekannten Ressourcen hydrothermaler Geothermie erzeugt werden. Das erste Geothermie-Kraftwerk in Deutschland war die Anlage im mecklenburgischen Neustadt-Glewe. Sie nutzt 97 Grad heißes Wasser in 2250 Meter Tiefe. Derzeit sind in Deutschland ungefähr 50 Erdwärme-Anlagen in Betrieb. Insgesamt wurden 2004 insgesamt 1556 Gigawattstunden Wärmeenergie mit Erdwärme erzeugt. Insbesondere in Norddeutschland, am Oberrheingraben, in Baden-Württemberg, in Mecklenburg-Vorpommern und in Neubrandenburg spielt die Geothermie eine Rolle. Die größten Anlagen sind in Neubrandenburg, Waren/Müritz, Neustadt-Glewe (alle Mecklenburg-Vorpommern), Erding und Straubing (Bayern). Die Branche prognostiziert einen Umsatz von rund 170 Millionen Euro fürs laufende Jahr und ein Wachstum von rund 14 Prozent. Rund 10 000 Arbeitsplätze in Deutschland hat die geothermische Energieversorgung bisher geschaffen. (4)

Geothermie könnte den weltweiten Energiebedarf decken

Die Geothermie zählt zu den sogenannten erneuerbaren Energien (u.a. Wind-, Wasser-, Solarenergie, Biomasse, Deponie- oder Grubengas). Die Bundesregierung verfolgt das Ziel, den Anteil der erneuerbaren Energien am deutschen Strommix von heute 9,3 Prozent bis zum Jahr 2020 auf 20 Prozent wachsen zu lassen.

Geothermie nutzt die im Inneren der Erde gespeicherte Wärmeenergie. Diese Erdwärme kann als Energiequelle zur Erzeugung von Wärme und/oder Strom genutzt werden. Heiße Quellen oder Geysire lassen uns die Erdwärme eindrucksvoll erleben. Der weltweite Energiebedarf könnte mit der in unserer Erde gespeicherten Wärme locker gedeckt werden, denn unsere Erde stellt uns eine im Grunde unerschöpfliche Energiequelle zu Verfügung. Denn aus dem bis über 6000 °C heißen Innern unseres Planeten "steigt ein unaufhörlicher gigantischer Strom an Energie bis an die Oberfläche, um sich schließlich im Weltall zu verlieren. Die Erde strahlt täglich etwa viermal mehr Energie in den sie umgebenden Weltraum ab, als wir Menschen derzeit an Energie verbrauchen." (5) Diese aufsteigende Wärme erhitzt auf ihrem Weg nach oben Gesteins- und Erdschichten und unterirdische Wasserbecken.

Oberflächennahe Geothermie
Wärme für jedermann

Nahe der Erdoberfläche bis zu einer Tiefe von maximal 400 Meter erreichen die Temperaturen in Deutschland durchschnittlich 7 bis 11 °C. Diese Wärme lässt sich relativ einfach nutzen.Im Grunde könnten wir fast alle unsere Häuser einfach mit Erdwärme heizen. Man bohre zwei tiefe Löcher in den Boden, jedes 50 bis 100 Meter tief, stecke Rohre hinein und baue eine Wärmepumpe ein. Spritze Wasser hinunter in die Tiefe, pumpe es schön warm wieder hinauf, leite es in den Wärmetauscher, weiter in die Hausheizung und dann wieder zurück in den Boden. Damit wäre der Kreislauf geschlossen und das System sogar regenerativ. Und der Energieeinsparung wäre auch noch genüge getan: bis zu 80 Prozent könnten erzielt werden! (6)
Auch öffentliche Gebäude, Krankenhäuser, Schulen oder Gewerbebetriebe können mit Wärmeenergie beheizt oder mit Klimakälte gekühlt werden. Der Berliner Reichstag nutzt beispielsweise zwei geothermische Speicher, einen Kältespeicher und einen Wärmespeicher in unterschiedlichen Tiefen. Sogar Straßen lassen sich mittels Erdwärme schnee- und eisfrei halten. So wurde in Europa 1994 eine Anlage an einem Hangviadukt einer Schweizer Bundesstrasse realisiert. Unter der Straßenoberfläche

sind Rohrschlangen installiert. Diese heizen sich bei Sonnenschein auf und geben ihre Wärme an einen Erdwärmesondenspeicher ab. Wenns kalt und eisig wird, geben sie diese Wärme wieder ab und verhindern so die Glatteisbildung. SERSO nennt man das - **S**onnen**e**nergierückgewinnung aus **S**traßen**o**berflächen. (7)

Tiefe Geothermie Stromgewinnung erfordert hohe Temperaturen

Die geothermische Stromgewinnung setzt reichliche Wasservorräte, sehr hohe Temperaturen und somit weithin tiefe Bohrungen voraus. Die heutige Bohrtechnik erlaubt Bohrungen bis zu 6000 Meter Tiefe. Damit kann Erdwärme bis zu 400 °C erschlossen werden. Das heiße Wasser wird an die Oberfläche gepumpt, im Wärmetauscher abgekühlt und mittels Dampfturbine und Generator Strom erzeugt. (8)

Die **Hydrothermale Geothermie** nutzt Thermalquellen und Wasseradern (Aquifere), die bis zu 2 000 Meter tief unter der Erdoberfläche liegen und Temperaturen bis über 100 °C erreichen können. In geothermischen Heizwerken wird Wärme hergestellt, mit der Siedlungen, Städte oder Industriegebiete beheizt werden. In Thermalbädern sind wir wahrscheinlich fast alle schon mal geschwommen. In Deutschland sind 24 größere Anlagen in Betrieb, die Thermalwasser als Energiequelle nutzen. (4)

Auf einer anderen Technik basieren die sogenannten **Hot-Dry-Rock-Kraftwerke**. Dabei wird kein Wasservorrat angezapft, sondern Strom oder Wärme aus heißem, trockenem Gestein produziert. In das Gestein werden Risse gesprengt. Kaltes Wasser schießt dann über Bohrlöcher in die Tiefe, zirkuliert im heißen Gestein, wird erhitzt und wieder nach oben und in die Turbinen befördert. Die Methode ist deutlich aufwändiger und natürlich auch sehr viel teurer. (8)
Bislang gibt es auf der Welt noch kein fertiges Kraftwerk, das nach dieser Methode arbeitet. Im Elsass wird gerade eines gebaut. Und am Oberrhein beispielsweise soll mit dieser Technik bis zu 7 000 Meter tief ins Erdinnere gebohrt werden. Die Baukosten für das Stromkraftwerk werden auf rund 30 Millionen Euro geschätzt. (9)

Technologie steckt noch in den Kinderschuhen

Zwar ist die Technologie noch nicht ausgereift und nicht immer ist sicher, ob sich in der vermuteten Tiefe tatsächlich Wasser in genügender Menge und in der benötigten Temperatur befindet, damit ein Erdwärme-Kraftwerk wirtschaftlich rentabel arbeiten kann. Die erforderlichen tiefen Bohrungen sind teuer, die Projekte verschlingen Euro-Beträge in Millionenhöhe.

Doch die Vorteile der Geothermie liegen auf der Hand. Sie steht fast überall im Boden zur Verfügung. Tageszeit, Wetter und Klima spielen keine Rolle. Sie gilt als umweltfreundliche und regenerative Energiequelle. Durch die Einstrahlung der Sonne, neues Grundwasser und den permanenten geothermischen Wärmefluss im Erdinneren bildet sich die dem Boden entzogene Wärme nach. Ein Erdwärme-Werk verursacht fast keinen Kohlenstoffdioxydausstoß. Und könnte die geothermische Energie überall technisch und wirtschaftlich genutzt werden, wären wir alle Energiesorgen los: Die Wärme allein in den oberen drei Kilometern unserer Erde würde den Energiebedarf der Welt in den nächsten 100 000 Jahren decken. (8)

Fallbeispiele

- In Island spielt die geothermale Energie eine bedeutende Rolle. (10), (11)
- Seit 10 Jahren bereits arbeitet das Erdwärme-Werk in Neustadt-Glewe. Die Erdwärme ist in einem 2274 Meter tief unter Neustadt-Glewe liegenden Sandsteingebirge gespeichert. (12)
- In Neuried entsteht ein Geothermie-Kraftwerk. Weltweit einmalig ist dabei die Kombination aus Geothermie und Biogasanlage. Die seismischen Untersuchungen haben inzwischen begonnen. Mit ihnen wird festgestellt, wo genau im Boden das heiße Wasser ist. Das Kraftwerk soll bis 2008 fertig gestellt sein und Strom liefern. (13), (14)
- In der Gemeinde Riedstadt soll bis Ende 2006 das erste hessische Erdwärme-Kraftwerk gebaut werden und Strom für rund 8 000 Haushalte liefern. Das Projekt kostet rund 30 40 Millionen Euro. (15)
- In Freiburg liegt die Machbarkeitsstudie für ein Erdwärme-Kraftwerk vor. Es soll ab 2010 Wärme und Strom liefern. Das Spannende an diesem Projekt ist, das erstmals das Hot-Dry-Rock-Verfahren zum Einsatz kommen soll. (16)
- In Basel (Schweiz) soll bis 2009 ein geothermisches Kraftwerk entstehen, das unter Nutzung von Tiefenwärme Strom mittels Wärme-Kraft-Kopplung produzieren soll. (17)

- Ein neues Baugebiet der Gemeinde March (Hochschwarzwald) heizt die neu entstehenden 150 Wohneinheiten über Erdwärme. (18)
- Das geplante Erlebniszentrum Himmelsscheibe bei Wangen soll mit Erdwärme geheizt bzw. klimatisiert werden. (19)
- Das Land Baden-Württemberg stellt Fördermittel für Erdwärmeanlagen bereit. (20)

Zahlen & Fakten

Strom aus erneuerbaren Energiequellen

Weltweiter Vergleich: Anteil des geothermischen Stroms im Verhältnis zu Wind-, Sonnen- und Gezeitenenergie

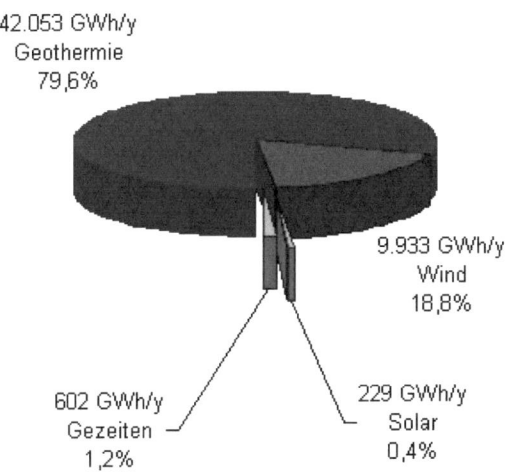

Quelle: Geothermische Vereinigung e.V.

Entnommen aus: Geothermie leicht gemacht, "Im Schnelldurchgang",
http://www.geothermie.de/indexgn/indexgtv-1024x768/gtv_startseite_gr.htm

Weiterführende Literatur

(1) Senator sucht neuen Investor für Hamburger

Aluminium-Werke Schließung zum Jahresende dennoch wahrscheinlich
aus Financial Times Deutschland vom 14.07.2005, Seite 7

(2) O.V., Billiger Geothermiestrom: Die Aluminiumindustrie zieht nach Island um, Geothermische Vereinigung e.v., http://www.geothermie.de/, 06.07.05
aus Financial Times Deutschland vom 14.07.2005, Seite 7

(3) Lund, John W., Weltweiter Stand der geothermischen Energienutzung, Geothermische Vereinigung e.v., http://www.geothermie.de/indexgn/indexgtv-1024x768/gtv_startseite_gr.htm, „Europa & weltweit"
aus Financial Times Deutschland vom 14.07.2005, Seite 7

(4) O.V., Kurzportrait Geothermie, Bundesverband Erneuerbare Energie e.V., www.bee-ev.de
aus Financial Times Deutschland vom 14.07.2005, Seite 7

(5) Bußmann, Werner, Einstieg in die Geothermie, Geothermische Vereinigung e.V., www.geothermie.de
aus Financial Times Deutschland vom 14.07.2005, Seite 7

(6) Mit Erdwärme Haus beheizen - Weiler Firma berät
aus Badische Zeitung vom 28.06.2005, Seite 000

(7) O.V., Geothermie leicht gemacht, Geothermische Vereinigung e.V., www.geothermie.de
aus Badische Zeitung vom 28.06.2005, Seite 000

(8) Die Kernkraft aus dem Erdinneren
aus Stuttgarter Nachrichten, 19.05.2005, S. 6

(9) Wo heiße Steine für Entzücken sorgen ENERGIE Am
aus Bonner General-Anzeiger, 09.06.2005, S. 24

(10) Die heiße Insel am Polarkreis
aus Stuttgarter Nachrichten, 19.05.2005, S. 6

(11) O.V., Geothermale Energie in Island, www.wikipedia.de
aus Stuttgarter Nachrichten, 19.05.2005, S. 6

(12) Zwei Kilometer überm "Toten Meer"
aus Schweriner Volkszeitung vom 06.07.2005, S. 13

(13) Auf Suche nach den "Wegigkeiten" im Gestein - Start der seismischen Untersuchungen fürs Geothermie-Kraftwerk Neuried / Mit Hilfe von Druckwellen werden Strukturen tief in der Erde aufgezeigt
aus Badische Zeitung vom 14.07.2005, Seite 000

(14) Weltweit einmaliges Projekt - Birgit Homburger sagt Unterstützung für das geplante Hybridkraftwerk zu
aus Badische Zeitung vom 23.06.2005, Seite 000

(15) Strom aus heißem Wasser
aus Frankfurter Allgemeine Zeitung, 31.05.2005, Nr. 123, S. 51

(16) Badenova plant Erdwärmekraftwerk - Ab 2010 könnte Wärme aus der Tiefe Strom für bis zu 30000 Haushalte erzeugen / Sechs mögliche Standorte im Gespräch
aus Badische Zeitung vom 01.06.2005, Seite 3

(17) Kasten 2 zum Schwerpunktartikel
aus HandelsZeitung vom 15.06.2005 Seite 9

(18) Hugstetten will Erdwärme nutzen - Marcher Gemeinderat beauftragt Büro mit geothermischer Erschließung von "Neumatten"
aus Badische Zeitung vom 14.07.2005, Seite 000

(19) Sonnenschiff mit Alu-Haut Naturparktagung: Erlebnis-Center vorgestellt
aus Mitteldeutsche Zeitung vom 12.07.2005

(20) Fördermittel für Erdwärmeanlagen
aus Stuttgarter Zeitung, 04.07.2005, S. 22

Impressum

Geothermie - Günstiger Ökostrom lockt nach Island

Bibliografische Information der deutschen Nationalbibliothek

Die Deutsche Nationalbibliothek verzeichnet diese Publikation in der deutschen Nationalbibliografie; detaillierte bibliografische Daten sind im Internet über http://dnb.d-nb.de abrufbar.

ISBN: 978-3-7379-2318-7

© 2015 GBI-Genios Deutsche Wirtschaftsdatenbank GmbH, Freischützstraße 96, 81927 München, www.genios.de

Alle Rechte vorbehalten. Dieses Werk ist einschließlich aller seiner Teile – z.B. Texte, Tabellen und Grafiken - urheberrechtlich geschützt. Jede Verwertung außerhalb der Grenzen des Urheberrechtsgesetzes bedarf der vorherigen Zustimmung des Verlags. Dies gilt insbesondere auch für auszugsweise Nachdrucke, fotomechanische Vervielfältigungen (Fotokopie/Mikroskopie), Übersetzungen, Auswertungen durch Datenbanken oder ähnliche Einrichtungen und die Einspeicherung und Verarbeitung in elektronischen Systemen.